Grekët e lashtë qëndrojnë tek themeli i qytetërimit perëndimor. Mitologjia e tyre ka qenë pjesë e pandashme e artit, letërsisë, fesë dhe arsimit të shoqërisë së lashtë greke. Nëpërmjet mitologjisë së tyre, sot ne mund të mësojmë në njëfarë mënyre se si ishin grekët e lashë si popull, dhe si kulturë.

The ancient Greeks stand at the cornerstone of Western civilisation. Their mythology was an integral part of the art, literature, religion and education of ancient Greek society. It is through their mythology that we today can gain some understanding of what the ancient Greeks were like as a people and a culture.

First published 2002 by Mantra
5 Alexandra Grove, London N12 8NU
www.mantralingua.com

Text copyright © 2002 Mantra Lingua
Illustrations copyright © 2002 Diana Mayo

British Library Cataloguing in Publication Data:
a catalogue record for this book is available
from the British Library.

Kutia E Pandorës

Pandora's Box

retold by Henriette Barkow
illustrated by Diana Mayo

Albanian translation by Viola Baynes

mantra

Shumë, shumë kohë më parë, në fillim të kohës, jetonin perëndi dhe perëndesha.

Zeusi, mbreti i perëndive, ulej mbi Malin Olimp dhe mendonte që toka ishte e bukur, por, diçka i mungonte. Ai pa më nga afër dhe vendosi që tokës i duheshin kafshë, zogj dhe peshq.

Long long ago, at the beginning of time, lived gods and goddesses.

Zeus, the king of the gods, sat on Mount Olympus and thought that the earth was beautiful but also that something was missing. He looked closer and decided what was needed on earth were animals and birds and fishes.

Zeusi thirri para tij dy Titanët, Prometeun dhe Epimeteun, dhe u dha detyrën të krijonin të gjitha krijesat që do të banonin mbi tokë.

"Ja një thes me disa dhurata të veçanta për t'ua dhënë krijesave tuaja," u tha ai atyre.

Zeus called the two Titans, Prometheus and Epimetheus, to him and gave them the task of creating all the creatures to live on the earth.

"Here is a bag with some special gifts that you can give to your creations," he told them.

Prometeu dhe Epimeteu ishin vëllezër, dhe si shumë vëllezër secili kishte pikat e tij të forta dhe të dobëta. Prometeu, emri i të cilit do të thotë 'paramendim', ishte shumë më i zgjuar sesa vëllai i tij; dhe siç sugjeron edhe vetë emri i tij, ai mund të parashikonte shpeshherë të ardhmen. Kështu ai paralajmëroi Epimeteun: "Unë nuk do të jem gjithmonë këtu, ndaj ki kujdes me çdo dhuratë që të jep Zeusi."

Prometheus and Epimetheus were brothers, and like many brothers each had his own strengths and weaknesses. Prometheus, whose name means forethought, was by far the cleverer, and as his name suggests, he could often see into the future. Thus it was that he warned Epimetheus: "I won't always be here, so take great care with any gift that Zeus may give."

Ndonëse Epimeteu nuk ishte aq i zgjuar sa vëllai i tij, ai ishte i zoti për të krijuar gjëra, si një skulptor ose marangoz. Ai krijoi të gjitha krijesat që mund të përfytyronte dhe u dha dhurata të ndryshme nga thesi i Zeusit. Ai u dha disave qafa të gjata, të tjerave u dha vija, bishta, sqepa dhe pendë.

Although Epimetheus wasn't as clever as his brother, he was good at making things, like a sculptor or a carpenter. He created all the creatures that he could think of and gave them different gifts from Zeus' bag. Some he gave long necks, others he gave stripes and tails, beaks and feathers.

Kur i kishte bërë të gjitha krijesat ia tregoi ato Prometeut.
"Çfarë mendon?" e pyeti ai vëllain.
"Ato janë me të vërtetë të mrekullueshme," i tha Prometeu.
Prometeu hodhi shikimin nëpër tokë dhe atëherë i lindi ideja për një lloj tjetër krijese – e cila do të modelohej sipas shëmbëlltyrës së perëndive. Ai mori argjilë dhe i hodhi ujë dhe brumosi njeriun e parë.
Pastaj ai krijoi disa shokë për të, që njeriu të mos mbetej i vetmuar.

When he had made all the creatures he showed them to Prometheus.
"What do you think?" he asked his brother.
"They are truly wonderful," said Prometheus.
Looking across the earth Prometheus then had the idea for another kind of creature - one that would be modelled on the gods. He took some clay and added some water and moulded the first man.
Then he made him some friends so that man wouldn't be lonely.

Kur ai kishte mbaruar, ia tregoi krijesat e tij Zeusit i cili
u dha jetë me frymën e tij.

When he had finished he showed his creations to Zeus who breathed life into them.

Prometeu dhe Epimeteu e mësuan njeriun si të kujdesej për vetveten. Ata qëndruan mbi tokë dhe banuan me njeriun, duke i mësuar gjuetinë, ndërtimin e strehimeve dhe rritjen e ushqimeve.

Një ditë Prometeu shkoi tek thesi i Zeusit për të gjetur një dhuratë për krijesat e tij por thesi ishte bosh. Feçka i ishte dhënë elefantit, bishti i gjatë i ishte dhënë majmunit, ulërima më e fortë i ishte dhënë luanit, aftësia e fluturimit u ishte dhënë zogjve dhe kështu me radhë deri sa nuk kishte mbetur asnjë dhuratë.

Prometheus and Epimetheus taught man how to look after himself. They stayed on earth and lived with man teaching him how to hunt, build shelters and grow food.

One day Prometheus went to Zeus' bag to find a gift for his creations but the bag was empty. The trunk had been given to the elephant, the long tail had been given to the monkey, the biggest roar to the lion, flight to the birds and so it went until there were no more gifts.

Prometeu, i cili ishte miqësuar shumë me krijesat e tij, donte t'i jepte njeriut diçka të veçantë, diçka që do ta bënte jetën e tij më të lehtë. Dhe ndërsa vëzhgonte krijimin e tij i lindi një ide - zjarr. Ai do t'i jepte zjarr njeriut.

Por, zjarri u takonte perëndive dhe e vetmja mënyrë që Prometeu mund t'i jepte zjarr njeriut ishte të shkonte dhe ta vidhte.

Në fshetësinë e errësirës Prometeu iu ngjit Malit Olimp dhe vodhi një flakë të vogël dhe ia dha njeriut. Ai e mësoi si ta mbante gjallë flakën dhe gjithçka që njeriu mund të bënte me zjarrin.

Prometheus, who had grown very fond of his creations, wanted something special to give to man, something that would make his life easier. And as he watched his creation the idea came to him – fire. He would give man fire.

Now fire belonged to the gods and the only way that Prometheus could give fire to man was by stealing it.

Under the cloak of darkness Prometheus climbed Mount Olympus and stole a tiny flame and gave it to man. He taught him how to keep the flame alive and all that man could do with fire.

Zeusit nuk iu desh shumë kohë për të parë që njeriu kishte diçka që nuk i përkiste, diçka që u përkiste perëndive, dhe një dhuratë e dhënë nga një perëndi nuk mund të merrej përsëri. Zeusi u inatos dhe me gjithë tërbimin dhe zemërimin e një perëndie ai vendosi të dënonte si Prometeun ashtu edhe njeriun.

Zeusi e rrëmbeu Prometeun dhe e mbërtheu në një shkëmb të madh me zinxhirë. Dhimbja ishte pothuaj e padurueshme por kjo nuk i mjaftonte Zeusit: ai donte që Prometeu të vuante edhe më shumë.

It didn't take long for Zeus to see that man had something that didn't belong to him, something that belonged to the gods and a gift given by a god could not be taken back. Zeus was furious and with all the rage and wrath of a god he decided to punish both Prometheus and man.

Zeus grabbed Prometheus and chained him to a cliff. The pain was almost unbearable but that wasn't enough for Zeus, he wanted Prometheus to suffer even more.

Kështu Zeusi dërgoi një shqiponjë për t'ia nxjerrë mëlçinë Prometeut. Çdo natë mëlçia e tij shërohej dhe çdo mëngjes shqiponja kthehej për ta munduar dhe torturuar Prometeun edhe më shumë.

Kjo ishte një dhimbje pa fund, dhe në këtë mënyrë Prometeu u dënua të vuante përgjithmonë, pa shpresë.

So Zeus sent an eagle to tear out Prometheus' liver. Every night his liver would heal and every morning the eagle would return, to torment and torture Prometheus even more.

This was pain without ending, and thus Prometheus was doomed to suffer forever without hope.

Pasi e dënoi Prometeun, Zeusi filloi të mendonte se si të hakmerrej mbi njeriun. Ai thuri një plan shumë dinak. Një plan që ishte i denjë për një perëndi. Ai krijoi një qenie që dukej si perëndeshë por që ishte njeri.

Ai krijoi gruan dhe i dha jetë me frymën e tij.

Having punished Prometheus, Zeus devised a cunning plan to take his revenge on man. A plan that was worthy of a god. He created a being that looked like a goddess but was a human.

He created woman and breathed life into her.

Zeusi thirri perëndítë dhe perëndeshat e tjera dhe
i kërkoi secilit prej tyre t'i jepte nga një dhuratë gruas.
Midis atributeve të shumta, Afërdita i dha gruas
bukuri, Athina i dha dituri, Hermesi i dha një gjuhë të
shkathët dhe Apolloni i dha dhuntinë e muzikës.
Zeusi ia vuri emrin Pandora dhe e dërgoi të
banonte në tokë.

Zeus called the other gods and goddesses to his side and asked
them each to give woman a gift. Among the many attributes, Aphrodite
gave woman beauty, Athena gave her wisdom, Hermes gave her a
clever tongue and Apollo gave her the gift of music.
Zeus named her Pandora and sent her to live on earth.

Një grua e krijuar në qiell, me dhurata nga perënditë, ishte e parefuzueshme dhe Epimeteu u dashurua me Pandorën.

Në ditën e dasmës së tyre Zeusi u dha një kuti të bukur dhe mahnitëse.

"Shijoni bukurinë e kësaj dhurate, dhe ruajeni mirë. Por mbani mend – kjo kuti duhet të mos hapet kurrë."

Zeusi ia kishte 'thurur' fatin Pandorës së mjerë, sepse midis dhuratave të perëndive ishte edhe dhurata e kureshtjes.

A woman made in heaven, with the gifts of the gods, was impossible to resist and Epimetheus fell in love with Pandora.

On their wedding day Zeus gave them a beautiful and intriguing box. "Enjoy the beauty of this gift, and guard it well. But remember this - this box must never be opened."

Poor Pandora, Zeus had woven her fate, for amongst the gifts of the gods was the gift of curiosity.

Në fillim Pandora dhe Epimeteu ishin shumë të lumtur. Bota ishte një vend i pasur dhe i qetë. Nuk kishte as luftra, as sëmundje, as trishtim, as vuajtje.

Gjatë ditës kur Epimeteu ishte jashtë, Pandora e përdorte me urtësi dhuratën e kureshtjes. Ajo gjeti mënyra të reja për të gatuar ushqimin dhe muzikë të re për të luajtur. Ajo studioi kafshët dhe insektet që kishte përreth. Pandora i tregoi njeriut mënyra të reja për të përdorur zjarrin për të gatuar dhe për të përpunuar metalet.

At first Pandora and Epimetheus were very happy. The world was a rich and peaceful place. There were no wars or illnesses, no sadness or suffering.

While Epimetheus was out all day Pandora used her gift of curiosity wisely. She found new ways to prepare their food and new music to play. She studied the animals and insects around her. Pandora showed man new ways of using fire to cook and work metals.

Por kureshtja është një shpatë me dy tehe, dhe me gjithë të mirat që Pandora kishte bërë, ajo nuk mund ta harronte dot kutinë e kyçur. Çdo ditë ajo shkonte vetëm për ta parë nga pak. Dhe çdo ditë i kujtoheshin fjalët e Zeusit: "Kjo kuti të mos hapet kurrë!"

But curiosity is a double-edged sword, and for all the good that Pandora had done she could not put the locked box out of her mind. Every day she would just go and have a look at it. And every day she remembered Zeus' words: "This box must never be opened!"

Mbas disa muajve Pandora ishte ulur përsëri përpara kutisë. "Ç'e keqe do të bëhej po të shikoja brenda, vetëm pak?" e pyeti veten. "Në fund të fundit, çfarë mund të ketë atje brenda që të jetë aq e tmerrshme?" Ajo pa rreth e rrotull për t'u siguruar që ishte vetëm dhe atëherë hoqi një karficë prej flokëve të saj dhe hapi kyçin me kujdes.

After some months had passed Pandora found herself sitting in front of the box again. "What harm would it do if I just sneaked a look inside?" she asked herself. "After all what could possibly be in there that is so terrible?" She looked around to make sure that she was alone and then she took a pin from her hair and carefully picked the lock.

Sa u hap kyçi, kapaku u ngrit me vrull dhe kutia shpërtheu. Është e vështirë të përshkruhen me fjalë gjërat e tmerrshme që ishin ruajtur brenda asaj kutie dhe vuajtjet që iu lëshuan botës.

As soon as the lock opened, the lid flew back and the box burst open. It is hard to explain in words the terrible things that were stored within that box and the suffering that was unleashed upon the world.

Kur u ngrit kapaku, dolën me vrull urrejtja, lakmia, sëmundja, murtaja dhe të gjitha gjërat e tmerrshme që na mundojnë ne edhe sot.

When the lid was lifted, out flew hate and greed, pestilence and disease and all the terrible things that still torment us today.

Kur Pandora pa atë që kishte bërë, ajo u trondit aq shumë sa e kapi kapakun dhe e shtyu poshtë përsëri me gjithë forcën e saj.

E këputur, ajo u ul përtokë dhe qau me dënesë.

"Më lër te dal! Më lër të dal!" bërtiti një zë i vogël dhe i butë.

Pandora ngriti sytë për të parë se nga po vinte ky zë i ëmbël.

Pandora was so shocked when she saw what she had done, that she grabbed the lid and forced it down again with all her strength.

Exhausted she sat on the ground and sobbed.

"Let me out! Let me out!" cried a small and gentle voice.

Pandora looked up to see where this sweet voice was coming from.

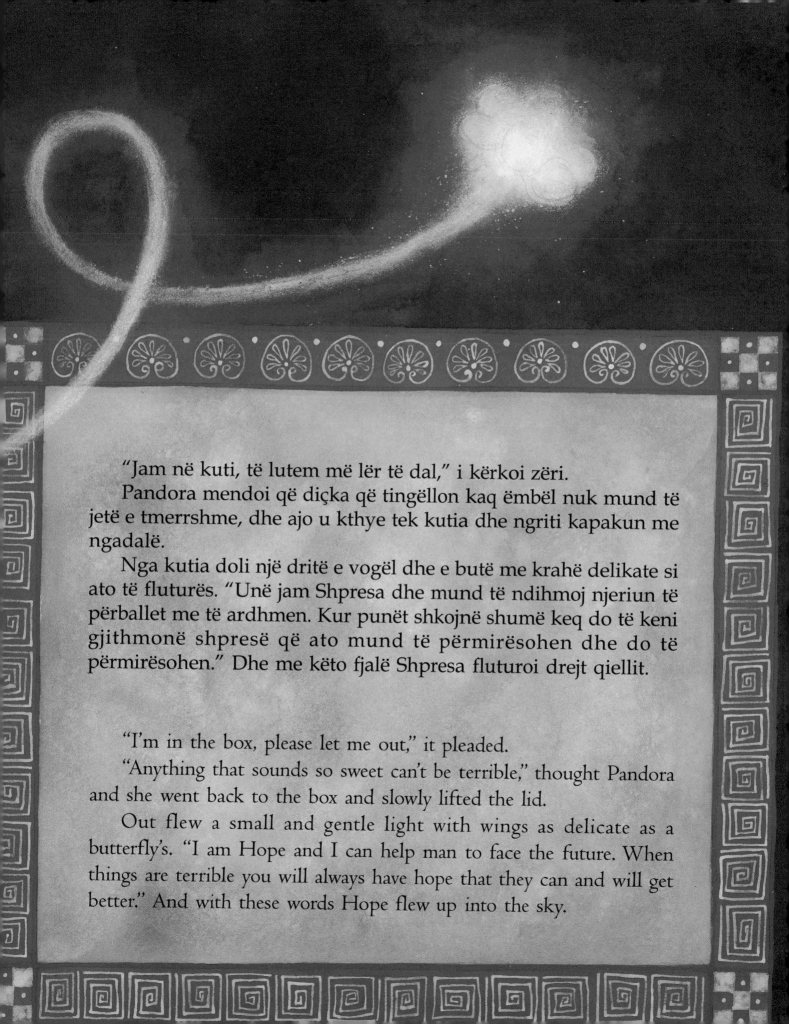

"Jam në kuti, të lutem më lër të dal," i kërkoi zëri.

Pandora mendoi që diçka që tingëllon kaq ëmbël nuk mund të jetë e tmerrshme, dhe ajo u kthye tek kutia dhe ngriti kapakun me ngadalë.

Nga kutia doli një dritë e vogël dhe e butë me krahë delikate si ato të fluturës. "Unë jam Shpresa dhe mund të ndihmoj njeriun të përballet me të ardhmen. Kur punët shkojnë shumë keq do të keni gjithmonë shpresë që ato mund të përmirësohen dhe do të përmirësohen." Dhe me këto fjalë Shpresa fluturoi drejt qiellit.

"I'm in the box, please let me out," it pleaded.

"Anything that sounds so sweet can't be terrible," thought Pandora and she went back to the box and slowly lifted the lid.

Out flew a small and gentle light with wings as delicate as a butterfly's. "I am Hope and I can help man to face the future. When things are terrible you will always have hope that they can and will get better." And with these words Hope flew up into the sky.

Ndërsa Shpresa udhëtoi nëpër tokë ajo kaloi mbi Prometeun
e lidhur me zinxhirë në mal dhe preku zemrën e tij.
    Atij iu deshën edhe disa mijëra vjet para se ta çlironte
Herakliu, por kjo, siç thuhet, është një histori tjetër.

As Hope journeyed across the earth it passed Prometheus chained to
the mountain and touched his heart.
    It would take a few more thousand years before Heracles set him free
but that, as they say, is another story.